JN418894

홀로 뜨는 달

홀로 뜨는 달

초판 1쇄 발행 2023년 8월 14일

지은이 이원문

펴낸이 임병천
펴낸곳 책나무출판사
출판신고 2004년 4월 22일 (제318-00034)

주소 서울시 영등포구 신길3동 325-70 3F
전화 02-338-1228 **팩스** 0505-866-8254
홈페이지 www.booktree.info

ISBN 978-89-6339-726-9 03810

홀로 뜨는 달

이원문 시집

책나무출판사

목차

1부

2부

3부

4부

• 1부 •

빗속의 마음

주룩 주룩 내리는 비
더러는 보슬비도 섞여 내리니
울적한 마음에 그날을 돌아 본다

빗줄기에 녹는 세월
욕심이 끌고 온 곳 여기가 어디인가
그 삶 찾아 여기 저기 뒤 돌아 볼새 없던 날

어디에서 무엇 하며
어느 길 딛어 여기까지 왔나
한 길도 아니었고 두 길도 아니다

뛰고 뛰며 걸어온 길
이제 그 길도 한 길로 놓여지니
하루 같이 저문 인생 노을이 진다

매미의 가을

가을 문턱이 보내는 여름
아직은 아쉬워 들녘에 남아 있고
떠나라 하는 매미의 울음 가느란히 들려 온다

먼 발치의 쓸쓸한 원두막
문 닫힌 원두막 안 누가 있을까
앞 냇가 물 놀이의 아이들 하나 둘씩 나온다

옥수수의 노을

여름이다 하던 그날
덥다 뜨겁다 그 며칠의 여름일까
구름이 가리고 내린 비가 식힌 여름
이러다 흐지부지 아주 떠날 것이 아닌지

태풍 한 두 번에 꼬리 자를 여름
하루 하루 아침 저녁 이렇게 다를 수가
짧다 하면 짧은 시간 그 짧은 시간뿐일까
떠나고 오는 계절에 무거운 마음

이제 여름 걷이에 겨울을 준비 하는 가을일진데
마음에 옮겨 심고 밭떼기에 넣을 씨앗들
그 씨앗이나 마음이나 추울 날이 얼마나 남았나
지금의 오늘도 고향의 초가도 패는 벼 이삭이 그 시간을
가늠 한다

광복절의 그늘

오늘도 뜨는 태양
우리의 역사는 그렇게 흘러 갔습니다
아물지 않고 그렇게 흘러 갔습니다
그 흔적이 남긴 그날 잊지 않으셨겠지요
우리끼리의 그날도 잊지 않으셨겠지요
삼각 관계의 적과 적 하나라도 지워야 하지 않겠는지요
그 하나는 바로 우리끼리 총 맞대었던 그날을 지워야 한단 말입니다
피 흘리며 지켜 준 우리의 땅 우리의 자손
일본이 우리에게 어떻게 했습니까
조상들의 바램이 무엇이었나요
아직도 지팡이에 온 힘 다해 신은 몸
생전에 그 어르신들의 한을 어떻게 하시렵니까
이대로는 안 됩니다 열 번 백 번 안 됩니다
보셨지요 그들이 지금 어떻게 하고 있는지
데려다 죽이고 피 빨아댄 우리 민족의
그 흔적 놓고 구경 시켜가며 돈 받고 있어요
세계의 구경거리다 소문 내고 찾아 오게 하고요
그러는 독도는 남한만 우리 땅인가요
민족의 땅 북한 형제도 우리 땅이 아닐런지요

지금 우리의 민족 어떻게 살고 있습니까
이대로는 안 됩니다 안 됩니다
열 번 백 번 이대로는 안 됩니다

노을의 미련

조용히 다가 오는 날
눈 앞에 와 있어도 더 멀어지고
가느란히 한 가닥 줄에 짧기만 하다

파도 따라 그렇게
약속의 그 흔적 아직 남아 있는지
다시 찾을 부끄러움 하얗게 부서진다

삶터 길

고향은 아니어도
고향 길 보다 더
아련히 떠 오르는 길
무엇을 얻겠다 그리 헤매었는지

개미 처럼 이리 저리
모르는 길도 걸었고
아닌 줄 알면서 아는 길도 걸었다
얻은 것이라고는 세월만 그렇게

발로 딛었 든 마음으로 딛었 든
일터 다니느라 날마다 다녔던 길
어쩌다 한 번 지나칠 때면
옛 생각에 마음 울컥 보고 싶지 않다

그렇다고 안 볼 길도 아니고
또 볼 수 있으면 보아야 하는 길
이제 그 길도 한 곳으로 저물고
인생도 그 길도 꿈 속으로 멀어진다

하얀 허공

올려 보는 하늘에 흐릿한 구름만
무엇이 있어 올려 본 것도 아니고
구름이 아름다워 올려 본 것도 아니다
무심코 새 한 마리가 날아 가기에 보는 하늘
눈 못 뗄 것도 아닌데 그리 멀리 바라보아지는지

그렇다고 먼 기억도 아니다
지난 날이 그리워 그리 본 것도 아니고
그저 다가 오는 것이라고는 허공뿐인데
넋 나간 이 눈에 무엇이 보이겠나
날아간 새 돌아 올지 다시 보고 싶다

봉숭아의 가을

아직은 여름인 듯
가을 더 깊어 가면 어떻게 하나
바람 서늘히 귀뚜라미의 뜰이 될 것인데

잊어야 할 여름날
외로운 그 그리움도 잊어야 하는지
귀뚜라미의 그리움에 남겨 두고 싶은 마음

봉숭아의 먼 옛날
가냘픈 꽃잎에 여미어져 떨어지고
귀뚜라미의 뜨락 다음 여름을 약속한다

가을 꽃밭

우물둥치의 꽃밭
꽃밭이라 하기보다
모은 돌 쌓아 겨우 올린 흙이
아가의 포데기만이나 할까

그 곳에 무엇을 심어
예쁜 꽃을 볼 수 있을까
그냥 그런 저런 피어난 꽃
안 심어도 해마다 그리 피어나는지

더러는 옮겨 심었던
봉숭아 채송화 그 과꽃
헷갈리는 이름의 꽃 몇 포기인데
철 안 잊고 피는 꽃이 어찌나 예쁜지

조용 할 때면 들여다 보며
두레박 내려 물도 퍼 주었던 꽃들
한여름을 그리 보며 지냈던 꽃이 것만
이제는 그 꽃들도 여름 따라 떠나는지

맨드라미에 해바라기뿐
모두 시들 시들 병들어 늘어지고
담에 오른 메꽃 한 줄기만
서너 꽃 송이로 내려 보고 있다

노을의 섬

한가롭던 고향 바다
저 섬이 나 자랐던 곳
나의 모래뭇이었나
두꺼비집 지으며 놀던 곳이고

어느 해인가 어렴풋한 날
떠 밀려 온 나무토막 굴바구니 하나
그 굴바구니는 누구의 것이었고
어느 섬에서 떠 밀려 왔는지

둘레에 든 흔적으로 보아
한 귀퉁이 꿰맨 자리뿐
아직 쓸만한 새것이었는데
누가 버리고 그 섬을 떠났나

그리 쉽게 버릴 바구니가 아닌데
싫증은 좀 그렇고 사연이 있었나
여운의 그 바구니 지금도 궁금하고
주인이 누구인지 파도에게 묻는다

외로운 후회

내가 만든 울타리도
인연의 그날도
날 기울어 저무니
하나 둘 멀어지고
뜨락의 그림자만
하루 한 번 찾아온다

돌아 보는 짧은 세월
무엇 하다 여기 왔나
외로움의 기나긴 밤
그 단몽에 시달리고
밤 낮이 섞인 시간
목화밭 찾는다

가을 길목

여름 끝자락이 이렇게 쓸쓸할 줄이야
산 기슭 싸리꽃 가을 준비에 바쁘고
하늘의 구름도 여름과 다르다
이제 여름 끝 가을 날에 접어드나

문득 고향 생각에 돌아보는 날
이맘때면 들녘 일에 눈 코 뜰새 없이 바빴었는데
원두막 밑 새참 한 그릇에 눈이 감겼고
점심 나절 뜨거워 일 하기 싫었던 날

그래도 해질 무렵이면 선선 했었고
저녁 핑게 삼아 집으로 갈 때면
반가워도 한편으로 내일이 걱정 됐다
그렇게 보낸 시간 초 가을의 바쁜 들녘

이 무렵 그날을 어찌 잊을까
싸리꽃에 묻어 넘는 힘들었던 그날을
다 모두 다 아련한 기억 속에 스쳐가는 그 날들
가을 더 깊어 새 털 구름 흐르면
밭은 그렇고 메뚜기의 들녘이 되겠지

가을 맞이

히무룩하니 마음 울적 하고
비라도 내릴 듯 마음도 흐린다
무엇인지 모를 쓸쓸한 마음
가을이면 언제나 그런 것인가

돌아 보는 옛날도 가야 할 앞날도
어느 곳 하나 마음 놓일 곳 없고
그저 텅빈 마음에 담기는 후회
뭔지 모를 수심만 가득 차오른다

가야 할 앞날에 비춰지는 옛날
이제 앞날에 놓인 옛날은 접어야 하나
이 마음 어디에 두고 가을과 함께 깊어 갈까
비라도 내리면 내리는 비에 흠뻑 젖고 싶다

수수밭의 그리움

동무야
어디에서 어떻게 살고 있는지
너의 가을 만큼이나
이 나의 가을도 깊어가
아니 깊어 가는 것이 아니라
뭔지 모르게 저무는 것 같애
빠른 것이 세월이라 하더니
이것이 시간이고 세월이니
나도 허겁지겁 무엇 하다 여기에 왔는지
남은 것도 남길 것도 그저 세월만 기우는구나
너 또한 나와 같겠지
해마다 가을이면 네가 더 생각나
더 깊어 가면 더 생각 나겠지
뜨는 달맞이에 기러기 날았고
싸리나무 베어 둘러 메고 오던 생각
메뚜기 따라 들길로 뛰던 생각
수수밭에 깜부기 따며 높은 하늘 올려 보았고
어디 그것 뿐인가
기와집 할머니네 참새 떼 쫓아 주고
얻어 먹었던 하얀 쌀밥에 배불렀던 날

그 생각은 안 그럴까
무슨 생각인들 안 나겠니
이제 그 날들이 실 가닥 같이 가느러지기만
세월이 가려 그런 거니 너와 내가 멀어서 그런 거니
아니면 흐려진 너의 모습마저 잃어 그런 거니
어쩔 수 없이 자꾸만 가는 세월 무엇이 앞에 놓일까
이것이 저무는 것이고 기우는 거니
오늘 따라 왜 이리 쓸쓸하고 하늘만 올려 보아지는지
남 모를 이 눈가에 이슬이 맺는구나

가을 구름

코스모스 한들 한들
몇 포기의 꽃으로 옛 생각에 젖어 들고
구름도 그때의 구름으로 더 높이 흩어진다
잃어버린 코스모스 모두 어디에서 피고 있는지
가을이면 그렇게 다니는 길마다 피어 있었것만
이제는 찾아 볼 수 없이 추억 속에서 한들 댄다

하늘의 새털 구름도
들길 따라 뛰어 가노라면 내려 보았고
우리들은 올려 보며 논길 따라 끝 없이 뛰었지
놀랜 메뚜기 벼 잎새에 살짝이 어느 논으로 날아 갈까
파란 하늘 높았어라 서쪽 하늘 띠 구름 노을을 만들었고
모두 떠나버린 날 참새 떼 쫓는 그 소리 메아리에 들려
온다

외로운 추억

바라보는 저 노을 보다
더 멀고도 멀었던 날
둘이의 노을도 아름다웠지
뿌리치는 손 잡아 주었고

무슨 말을 해야 할까
꺼내기는 꺼내야 하는 마음
무거운 입 열지 못 했음에
그저 떨리는 손으로 그 손만을

차라리 후회 할 지라도
그 한마디 꺼냈더라면
부끄럽지 않게 받아 주었을지도
그 사랑 한다 한마디가

이리 노을 속에 숨을 줄이야
끝내 못 꺼내었던 그 말 한마디
이제 저 노을이 읽어 줄 수 있을까
첫 사랑의 그 마음 노을에 젖는다

가을 하늘

높다란 가을 하늘
하늘에 올리는 마음 어느 곳에 닿을까
머리 위 새털 구름 더 높이 흩어지고
멀리서 오는 구름 들녘으로 들어 온다

구름이 그려 주는
옛 생각에 멈춰지는 마음
멈춰진 이 마음을 무엇으로 채울까
멈춰도 껍데기의 이 비어 있는 마음을

억새의 언덕 찾아 가면
억새꽃이 채워 줄까
지나고 오는 구름 흩어지는 파란 하늘
바람 불어 오는 날 억새의 언덕 찾으련다

징검다리의 가을

냇둑 길 가을 하늘 저리 높고 파랄 수가
높다란히 새털 구름 더 멀리 띠 구름
저 높고 먼 그림을 어디에 다 담을까
올려 보면 볼 수록 더 높고 파란 하늘
바람도 그 한 몫 옷깃에 스며든다

징검다리 아래 즐거운 오리 떼
오리 떼의 가을은 냇물에 있는 것인지
하늘의 띠 구름 물살에 어리고
징검다리에 한 걸음 더 더 딛어 머무를까
망설임의 파란 하늘 다시 한 번 올려 본다

어머니의 들녘

봄날에 여름날 그렇게 심고 가꾸었으니
이제 가을이 되어 거둬들일 때
무엇부터 어떻게 어디서부터 손을 댈까
들깨밭 참깨밭 따야 할 고추밭

제때 못 거둬들이면 다 잃을 곡식들
참깨 베어 묶어 세우고 들깨는 더 있어야 하는 밭
하루가 다르게 붉어가는 고추 저 고추를 어떻게 다 따나
동부에 녹두는 아직 퍼런 꼬투리로 조금 더 두어야 하고

콩밭 수수밭 수수목 잘라 엮어 매달아야 할 것인데
뒷밭에 무 배추 그 일은 안 할 일인가
하루가 짧고 밤이 짧은 날 날 궂이라도 하면
다음 날로 미뤄야 하니 더 늦어질 것인데

바쁜 이 에미 명절에 아이들 내려오면
며칠 더 묵어 도와 주고 올라 갈까
아이들도 뻔히 에미 바쁜 줄 더 잘 알텐데
둘러보는 장독대의 밤 귀뚜라미만 우는구나

0시의 인생

인생살이
누구의 어느 삶이
아니다 할까
세월의 거짓
존재의 속임
마지막의 꿈인 것을

가는 길목
어제는 그렇게
오늘은 이렇게
내일은 어디로
어떻게 가야 하나
알고도 모르는 길 딛어야 하는 것을

• 2부 •

싸리꽃의 기다림

그 산 기슭의 싸리꽃
적막한 그 기슭 누가 찾을까
가을 이맘때면 꼭 찾던 아이
언제부터인가 기다려도 오지 않고
연분홍 꽃 보이려 해도 오지를 않는다

가을이면 찾는 아이
누더기에 싸리 단 둘러멘 아이
가끔 눈물 보이며 지친 그 모습
그 아이는 그렇게 홀로 와야 했는지
싸리꽃의 가을 더 깊어 간다

가을 양지

뜨겁고 덥던 날이 언제였더냐
떠난 여름의 양지녘 가을 볕에 따갑고
음지의 가을 바람 이제는 춥다
드러난 풀 뿌리 이슬 앉힌 이파리
그래도 이파리는 제 몫 다 하느라
때에 씨앗 맺어 씨앗 영글린다

이제는 가을 이슬에 흠뻑 젖는 날
떠나는 그 여름 어디쯤서 돌아 볼까
드러난 뿌리 보고나 떠났는지
하늘의 뭉게 구름 흩어져 흐르고
여름의 양지녘 가을 바람 스쳐 간다

가을 들녘

바라보는 먼 들녘
참새 떼의 저 들녘
허수아비의 기웃등
참새 떼 기다리고
논 넘나드는 메뚜기
벼 잎새 뒤로 수줍다

날아드는 참새 떼
허수아비에 관심 없다
누런 벌판의 저 들녘
누구의 논 찾아 갈까
새 쫓는 고향의 메아리
귓가에 들려 온다

노을의 가을

잃어버린 바닷가
잃은 것이 아니라
잊어야 했었는지

이 가을 찾아 가면
다시 찾을 수 있을까
그저 그리움만이

이제는 지워야 할
잊을 수 없는 그날들
다시 찾아 그 모습 그린다

귀뚜라미의 달

장독대의 가을밤
귀뚜라미의 밤
보름달의 가을밤
귀뚜라미가 읽고

어깨동무의 그리움
달빛에 젖는 밤
모으는 그날마다
계수나무가 읽는다

이치

세상은
어느 한 쪽이 기울어야
살아 갈 수 있고 보존 된다

외로운 가을

잃어버린 그날에 아픔만 가득
지나면 모두가 그런 것인지
기억 할 수록 미워지는 사랑
둘만의 아름다운 그런 날이었는데

참아야 할 잊을 그리움
가슴에 다시 담을 수 있을까
추억이라 하기 보다 너무 아픈 사랑
이제 모두를 지워야 하는 것인지

가을이면 더 생각 나는 그날
인연은 그날을 얼마나 기억 할까
기억 하는 것 보다 잊지 않았는지
시린 마음에 행복 했던 순간들

억새꽃 언덕 찾아 가면
둘만의 그 시간 억새꽃이 읽어 줄까
하늘 높이 더 높이 그리운 얼굴
지난 날 모두 모아 억새꽃에 묻으련다

뒷동산의 추석

동무들과 바라보는 기쁨의 보름달
기뻐도 슬퍼도 함께 바라보았던 보름달
추석 무렵이면 그리 더 환히 밝았지
홀로 바라보던 눈물의 보름달이었고
달 안의 우리 엄마 엄마가 부르는 달
이 뒷동산 밤 저무니 어서 내려 가거라
우리 엄마의 목소리 끊임 없어라

아이들 하나 둘 집으로 갈 때면
홀로 남아 바라보았던 보름달
누가 나를 불러 함께 가자 할까
집에 내려오니 썰렁하니 시려운 마음
이웃 집에서 갔다 준 송편 몇 개의 밤이었나
한 입에 눈물 나고 두 입에 엄마 생각 난다
열 나흘 추석의 밤이 그렇게 깊어 갔다

수수밭의 추석

손가락에 접힌 추석 며칠 밤 더 기다려야 하나
수수밭의 하늘 새털 구름 더 높고
메뚜기의 들녘 무르익어간다
기다리는 추석날 즐거운 추석
방학때의 서울 친구 만나 볼 수 있을까

보고 싶은 친구 나의 서울 친구
내려 오면 떡 옥춘사탕 나누어 먹고
형아들 거북놀이에 함께 따라 다닐 것인데
눈물의 나와 함께 놀아 준 친구
만나면 그 은혜에 메뚜기도 잡아 주고
수수밭 길 따라 깜부기는 안 따줄까

뒷산에 올라 이른 알암 따 주고
연시 감은 아직 더 있어야 하는 시간
냇가는 그렇고 어디에 가서 함께 놀아 줄까
다가 오는 시간 하루가 다르게 차오르는 달
친구의 기다림 오늘도 그날이 기다려진다

억새꽃

늙는 억새꽃에 모아지는 마음
먼 나라 같은 그 옛날 아련히 스쳐가고
아롱진 추억에 아름다운날도 스쳐간다

바람 불어와 억새꽃 늙는 언덕
잃은 옛날인 줄 알면서 무엇을 찾아 왔나
쓸쓸한 강바람 옷깃에 스미는 언덕

하염없이 바라보는 강언덕의 그날일까
강물이 안겨 주는 억새꽃의 그리움
억새꽃의 지난 날 강물 따라 흐른다

추석의 달

조상의 묘 찾아 지난 날 뉘우치고
내일의 소원 보름달에 얹는다
빌고 빌어보는 보름달에 비는 소원
하나만이라도 그동안 뭐 했나

앞만 보고 걸어오며 앞세운 욕심
그렇게 하나 둘 새어 나갈 줄이야
복이려니 체념 해도 억울한 세월
세월만 그리 흘려 보냈던 것인가

밤 낮 없고 휴일이 없던 시절
되 돌아보는 젊음의 그 많은 날
나 어디에서 무엇 하다 흘려 보낸 그날인가
지난 날 접어 두고 앞날 위해 소원을 빈다

가을 편지

누가 나에게
나에게 누가 편지를 보내 올까
받을 것 같이 기다려지는 마음
보내고 싶은 마음도 받고 싶은 마음도
괜스레 기다림에 뜨락을 서성인다

받는다면 누구의 어느 사연이고
보내는 답장에 무엇을 써 넣을까
보내고 받을 것 처럼 설레임의 마음
껍데기의 이 마음 편지 한 통 그립고
기다림의 가을 편지 늦은 밤 깊어 간다

가을역

떠나고 오는 열차
떠나는 열차에 누가 탔는지
다음의 열차도 저리 멀어지겠지

횡하니 떠난 자리
떠난 자리에 스치는 바람만
두 갈래의 저 철길 끝이 어디일까

멀어지는 기적 소리
여름 잃은 담쟁이의 사연인가
저무는 가을역 찬 바람만 스쳐 간다

억새꽃 마음

울적한 마음일까
바람이라도 불면
억새꽃 찾아 떠날 것인데
그것도 아니면서 마음만 울적하다

구름도 낮은 구름
높은 하늘 감추고
가을비라도 뿌릴 것 처럼
곧 내릴 듯한 먹구름에 뿌연 하늘

내린다면 이슬비
비 내리는 이 가을
두 마음 적시고 싶어라
억새꽃 찾는 날 이슬비에 젖고 싶다

가을 길

불어오는 가을바람
지난 여름이면 시원 할 것을
지금은 시원해도 어느 한 곳 움추려지고

몇 송이의 코스모스
늦여름에 그렇게 피어나더니
이제는 모두 피어 고향 생각나게 한다

가까워도 먼 것 같이
한 발 더 끝 없이 더 딛고 싶은 길
푸서리의 가을꽃 파란 하늘에 올린다

메뚜기의 기억

가을 깊어라
허수아비 외롭고
깻단 터는 우리 엄마 하루가 짧은가

가을 양지녘
따가워도 시원한 바람
그렇다고 엄마의 두른 수건이 젖을까

엄마의 가을
외갓집 가을이 왜 없겠나
외할머니 우리 엄마 서로가 그립다

오막살이의 가을

산 아래 외딴집
봄이면 파란 보리밭 그렇게 나부꼈고
여름이면 뻐꾸기 뜸북새 울음 멎을쯤
저녁 노을 지워질새라
논 넘나드는 반딧불 은하수 길 걸었지

바라보노라면 호롱불 가물가물
외롭기만한 여름 밤의 외딴집이었고
그 잠깐 가버린 날 이제는 가을
바람 쓸쓸히 또 한 해의 가을인가
손바닥 마루 끝 가을 바람 스쳐가고

잃어버린 여름 날 오막살이의 한 세월
참새 떼에게 빼앗긴 반딧불의 들녘인가
허수아비의 외로움이나 오막살이 외로움이나
다 같은 외로움 무엇이 다를까
외딴집의 가을 하늘 새털 구름 더 높다

달

엊그제의 초승달 담 너머 살짝이
그 며칠새 반달 되어 지붕 위 비추더니
이제는 열 나흘에 그 보름도 기운다

찾아온 초승달 새롭던 초승달
마중이라도 나온 듯 그렇게 비췄는데
반 쪽의 계수나무 저 달이 언제 들어 찰까

그렇게 저렇게 보름의 보름달
가을이면 더 밝게 그리 비추는 것이 달인가
멀어졌다 가까웠다 계수나무의 그리움이고

돌아보는 지난 날 그저 꿈 같이 아무것도 아니 것만
보름달이 읽는 그날은 이리 멀고도 가까운 것인지
지우며 기우는 달 더 멀어져 흐려진다

가을 그림

미루나무 멀리 바라보던 고향 들녘
파란 하늘 더 높이 새털 구름 수놓았고
수수밭에 숨은 아이 깜부기 꿈에 젖어었다

태기 휘둘러 새 쫓는 소리 깡통 두드리는 소리
훠이 훠이 훠이 허수아비 시끄럽다
그러는 메뚜기는 안 시끄러울까

저녁이면 마루 끝에 풋콩 까는 할머니
저녁 밥상 기다리는 할아버지의 큰 기침
늦은 부엌의 어머니 무엇부터 해야 하나

초저녁 귀뚜라미 밤새워 우는 밤
등잔 밑 우리들 공책 베고 잠들었고
바느질의 어머니 꾸벅꾸벅 졸았다

• 3부 •

가을 바다

여름을 모은 파도
그 옛날 여름을 잊지 않았는지
지난 날 모두 모아 백사장에 올린다

올렸다 휩쓸고
다시 올려 지우고 소라의 흔적까지
그렇게 깨끗이 지워 놓을 수가

그래도 남은 흔적
그 흔적 찾아 왔건만
아무것도 떠 밀려온 그리움 하나

이마저 부딪치면
부서질 하얀 날 될까
인적 없는 가을 바다 그리움만 남긴다

가을 마음

아침은 그런대로
점심 무렵 저녁이면 왜 그리 쓸쓸한지
잃은 것 없이 잃은 것 같은 마음
무엇을 잃었는지 마음까지 허전하고
허전한 마음에 돌아보는 지난 날
그 하나 잃은 것 잃은 세월 그것일까

보내고 싶지 않은 세월에 주눅드는 마음
큰 욕심 없이 그렇게 살았는데
그저 채우지 못한 욕심의 날일뿐
이제 무엇으로 어떻게 채울까
허전한 마음도 잃어버린 그날도
찬 서리 내리는 날 들국화에 묻으련다

가을 사랑

많지 않은 가을 꽃
이 가을 어느 꽃이 나를 반겨줄까

있다면 코스모스
언덕 위 들국화 그 노란 들국화

코스모스 지는 날
그 언덕 찾아 들국화 내음 맡을까

네 너의 코스모스
시간에 밀리어 그렇게 지고 마는지

그리운 코스모스
이 눈 안 너의 모습 잊지 않으련다

들국화 찾아가도
네 모습 잊지 않고 그 내음 맡으련다

가을 여행

어느 곳 찾아 어디로 가야 하나
나서자 하니 뚜렷한 곳 없고
며칠 전 설레임도
처음의 그 마음 같지 않다

가을 이맘때면 홀로 떠나고 싶은 여행
누가 있어 함께 갈 것도 아니고
모여서 가는 단체 여행도 아니다
그저 어디론가 훌적 떠나고 싶은 마음
문밖 나서면 어디로 가야 하나

밤새 토막 잠에 무거운 몸으로 나서는 길
그 옛날 찾아 바다로 가야 하나
아니면 나를 찾아 억새밭을 찾을까
방황의 여행 길 쓸쓸하기만 하다

추억의 가을

코스모스 길 따라 새참 들고 가던 날
내가 들고 가는 것은 막걸리 주전자였고
머리에 인 어머니의 것은 일꾼들의 밥이었다
가는 길 코스모스 어찌나 예쁘게 피었던지
실수의 메뚜기 옷에 달라 붙어었고

드러날 논 바닥 며칠의 황금 들녘
저 바닥 드러나면 메뚜기 떼 어떻게 하나
고향 잃은 참새 떼 날아가면 그만이었고
논 둑 베고 잠드는 쓰러진 허수아비
깨어난 허수아비의 실망 스런 날이었지

새털 구름 수놓은 높았던 하늘
논 바닥 드러나면 앞 뒷산 물들인 단풍들
그 서리 내린 가을 보릿고개를 어찌 잊을까
찬 물에 시려운 발 스며드는 찬 바람
벼 이삭 줍는 날 논둑의 들국화도 함께 추웠지

구름의 언덕

높은 구름
낮은 구름
넘는 언덕의 구름은
힘들지 않았는데

올려 보며
넘는 언덕
못 내린 이 마음인가
이 힘든 마음일까

오른 언덕
내려 보니
다 모두가 구름의 것
구름의 것이었다

노동의 가을

밤이슬 흠뻑
귀뚜라미 울음 잦아들고
초롱초롱 새벽 별 일터로 몰아 댄다

저 별이지면
먼동이 트일 것인데
뜨는 해에 실리는 하루의 삶인가

시간의 먼 서쪽
이 아침의 해가 언제 떨어지나
기다림의 해질 녘 하루가 더 멀다

그날의 하늘

멀고 먼 옛 하늘
나의 하늘은 하나가 아니었다
봄이면 보리밭 너머
멀기만한 그리움의 하늘도 있었고

여름이면 뭉게 구름 두둥실
그런 하늘도 있었다
수수밭 지나는 길
높다란 가을 하늘

수수 잎 사이로 올려 보노라면
더 높이 새털 구름 아래
참새 떼 논으로 날아 들었고
메뚜기 떼 고향 잃던 날

이 산 저 산 울긋 불긋
그 고운 단풍이 눈에 들어올까
그저 논마다 흩어진 벼 이삭만
찬 바람의 들국화 하늘도 있었다

시려웠던 겨울 하늘
흐린 날에 더 추웠던 겨울 하늘
바람 불어 눈이라도 내리면
바람막이에 앉아 구름 걷히기를 기다렸다

방앗간의 가을

집집마다 베는 벼
누구네 벼가 더 많을까
논마지기나 있는 집은
작년과 같을 것이고
다랑이 논에 병작 집
타작 해 보아야 줄지나 않으면 다행

방앗간 주인 어른
하루 종일 발동기 고치느라
손마디에 코 언저리까지 기름 묻히고
피대(벨트) 사올 걱정에 마차까지
이 집 저 집 타작 마당 구경 다니며
건하게 막걸리 한 잔 얻어 드신다

억새꽃 그리움

쓸어 안은 너의 꽃
바람 불어오면
그날이 잊혀질까

몇번의 마음으로
다시 찾았건만
못 잊을 그날만이

그날만의 흔적만
옛날을 찾는다
그 옛날을 찾는다

우물둥치의 가을

여름 한나절 떠놓은 물에 시원하더니
이제는 서늘히 바람도 차갑고
물 뜨려는 두레박 줄에 손이 시렵다
장독대에 내린 이슬 떨어진 낙엽들
독마다 흠뻑 장독대에만 내렸겠나

낙엽에 내린 이슬 물잡혀 흐르고
차갑던 우물 안 그 움김이 다르다
우물둥치의 가을 시간의 가을
조금 더 며칠 후 늦가을 바람 불면
낙엽 하나 둘 낙엽의 우물 되겠지

가을 노래

부르고 싶은 가을 노래
어느 노래를 어떻게 부를까
어린 시절 동요도 있고
어른이 부르는 가요도 있다
교실에서 부르던 가곡도 한 몫
어느 노래를 불러 추억과 함께 할까

다 불러보고 듣고 싶은 노래
그래도 추억하면 어린 시절의 가을
가슴에 새겨진 그 가을밖에 더 있나
메뚜기 꾸러미 들고 수수밭 길 따라 부르던 노래
뭐 그리 잘 부르느라 크게 불렀던지
이 가을과 함께 그 노래를 부르고 싶다

욕심의 하늘

버려야 할 나의 것
이 세상 나의 것이 아무것도 없었다

귀에 담아 눈으로 넣고
아니 될 내 것인데 그렇게 모아야 했는지

다 모두가 남의 것
내 것이 무엇이고 내 것 될 것이 무엇인가

가을 깻잎

시드는 들깻잎의 향
그 내음을 어찌 잊을까
지금이나 옛날이나
그 내음에 배고프고
내음 중에 교훈의 내음
가슴이 저려 온다

참기름은 잠시 잠깐
들기름이 계절이 있나
겨울이면 더욱더 소원의 들기름
어느 그릇에 넣어 어떻게 비볐나

항아리 안의 짱아찌
좋은 음식에 깻잎 쌈
배불러도 배고파도
깨 타작 하는 날 조심스러웠고
씻어 널어 말리면
멍석 위 들깨 보다 깻묵이 더 생각났다

배추밭

너무 빠른 세월
너무 빠른 시간
말복 무렵 씨 넣은지 얼마나 됐다고
어느새 포기 벌려 저렇게 자랐으니
배추 동겨 매야 할 날이 며칠 남았나
가을 날씨에 싸늘히 웅크려지는 몸

덥다 덥다 이제 추워야 하는 날
벼 베기 끝나면 동겨 매야 할 배추
고추도 다 땄으니 고추대 뽑아야 하고
가을 걷이 끝나면 첫 서리 내리겠지

그때 되면 단풍도 마지막일 것인데
그러면 또 한 해가 첫 서리에 묻어 가나
첫눈 전에 뽑아야 하는 무 배추의 늦가을
그러면 절기 찾아 김장 하겠지

그리운 얼굴들

누가 그릴 이 나의 모습인가
내가 그릴 누구의 모습이고
깊어 가는 이 가을날 스쳐가는 모습들
잊었던 얼굴도 살며시 스쳐간다

낙엽이 읽어 주는 그 옛날의 모습일까
가을 깊어 가면 옛날도 깊어 가야 하는지
낙엽 떨어져 한 두 잎 구르는 길
바람 쓸쓸히 옷깃에 스며든다

가을의 소리

모두가 조용히 숨 죽인 세상
여름 잃은 나뭇잎 오색 물들이고
끝 맺음의 풀숲마다 씨앗 영글리기에 바쁘다
움츠러드는 사람의 마음인가
바람의 부채질에 시드는 세상

들려오는 소리마다 조용히
고향의 먼 소리도 함께 섞이고
서산 넘는 기러기 떼 귀뚜라미의 밤
바람도 쓸쓸히 옛 바람인 듯
깊어 가는 가을 불어오는 바람 차갑다

수수잎

바람 불어 낙엽 우수수
비까지 내려 마음이 시려웠던 날

넘는 고개에 그날과 같은 하늘
빈 주머니에 입 하나 더 무엇을 얻었겠나

그래도 비 안 맞으려 추녀 끝에 서있자 하니
허기진 몸 쫓아내느라 들이치는 비에 더 젖는 몸

그림자 없는 저녁 하늘 어두우면 어디로 가야 하나
이리 저리 둘러보니 추운 몸에 젖는 마음 인생만 가엾었다

노동의 새벽

보름 처럼 밝은 달
한 곳은 별 마중 저리 초롱 초롱 반짝일수가
늦가을의 서쪽 하늘
새벽 달 안에 내일이 모아지고
산 넘는 기러기 떼 달빛에 멀어진다

저 달이 산 넘으면
먼동에 하루가 밝아올 것인데
일터의 이 하루는 언제 해가 기울어질까
날마다 여는 새벽
그렇게 또 하루 새벽 별 들어간다

어머니의 햇살

늦가을의 가을 하늘
가을 걷이 끝날 무렵
이제 널어 말려야 할 때
바깥 마당 멍석 위 벼 널려 있고
채반마다 들깨 참깨
장독대에 애호박 썰어 말림

늦서리에 무 뽑으면
무우청 다듬어 엮어 말려야 하고
날마다 하는 빨래 빨래는 안 그럴까
단 십분 한 시간이 아쉬운 햇볕
이러다 구름 들어 오면 어떻게 하나
어머니의 하늘 내일이 걱정 된다

• 4부 •

며느리의 가을

시할머니의 귀염둥이
어머니의 눈에 나면 어떻게 하나
할 일 많은 시댁 살림
어머니 혼자 바쁘고
함께 거들자 하니
너는 그냥 나 하고 있거라 하신다

잔소리에 야단 하는 할머니
어머니의 입 열 댓발쯤
눈치에 불안한 마음
어떻게 해야 하나
시할머니의 사랑 듬뿍
어머니 눈치에 날마다 불안하다

마음의 가을

저무는 이 가을
어제의 지난 날도
가야 할 내일도
흐르는 저 구름과 무엇이 다를까

구름은 바람이
인생은 세월이
밀고 모는 시간
아니 갈 수 없지 않은가

구름 산 넘듯
넘어야 할 인생 고개
지나온 길 그렇게
가야 할 내일도 그렇지 않겠나

얼룩에 갉아 먹힘으로
물드는 단풍잎 처럼
여름 흔적 그대로일까
주워 든 낙엽 보며 지난 날을 돌아본다

아기 단풍

크지 않은 작은 잎
작아도 예쁘게
곱게 곱게 물들이고
기슭의 음지어도
때 잃지 않았다

빨강 노랑 얼룩의 갈색
싸릿잎은 노랗게
진달래는 빨갛게
갈색 단풍은 모르는 이름
서로가 그 예쁨을 자랑한다

방랑자의 하늘

세월의 흐름인가
시간의 장난인가
수수밭 지나는 길
논마다 누렇더니
참새 떼 떠난 들녘
논 바닥 드러나고
두 고개의 산마루
쓸쓸히 바람 분다
아직은 울긋 불긋
인생 처럼 늦가을
저 단풍 지워지면
이 가을도 끝인데
남은 시간 그 며칠
며칠의 가을 될까

남자의 가을

마음 가난한 가을의 마음
깊어 가는 이 가을 더 가난해지고
낙엽 우수수 밟힐 때마다
내가 나를 밟는 것 같다

바람은 안 그럴까
불어오는 바람 쓸쓸히
무엇을 빼앗으려 그리 부는지
가난한 이 마음에 무엇이 있을까

떨어지는 낙엽도
쓸쓸히 부는 바람도
낙엽은 밟히고
쓸쓸한 바람은 마음을 빼앗는다

벼 이삭의 고향

추워 떠오르는
늦가을의 고향일까
이 생각 저 생각
만 가지 기억 떠오르고
벼 이삭 줍던 논
그때 처럼 그늘 들어온다

잊혀지지 않는 기억들
어느 것 하나 빼놓을 수 있을까
단풍도 그저 단풍이려니
줍는 벼 이삭만 눈에 들어왔고
해 기울어 생기는 그림자
저녁 바람까지 집으로 몰아 댔다

초가의 낙엽

늦가을 이맘때면
감나무 잎 우수수
밤나무 잎까지 날아들었고
앞 마당에 이리 저리 그리 귀찮어 했었는데

우물둥치에도 서너잎씩
두레박 내리면 두레박에도 떠 올라 왔고
바람이라도 불면 어떠할까
더 많이 우수수 여기 저기 쌓여 있지 않았나

싸리비로 쓸어대노라면 삼태기에 가득
날마다 그렇게 쓸어 댔었는데
바깥 마당은 안 그럴까
멍석 위 돌 틈새에까지 그렇게 굴러 쌓여 있었고

지붕 위 박 넝쿨 사이에도
바람 불면 쓸고 다시 쓸어야 했던 날
그 낙엽 쓰느라 얼마나 귀찮어 했나
때 알리는 줄 모르고 그리 귀찮어 했었는데

꿈 속의 가을

이제들 그만 일어나라
어머니의 그 목소리 들리는 듯
잠 깨우는 어머니의 성화에 눈 비비며 일어나면
된서리 내려 지붕 위 하얗게 장독대에도 그렇고
담 밑에 국화 송이들 추워 떨고 있었지

점심 나절 저녁 무렵
그때쯤이면 더욱더 울긋 불긋
앞 뒷산에 물들었던 단풍들
높은 하늘에 흐르는 구름 감나무에 걸치는 듯 그 빨간 연시
들녘은 어느새 바닥 드러났고

벼 타작에 이웃 집 궁굴통 도는 소리
들녘 멀리 벼 이삭 줍는 아이들
밭둑마다 푸서리에 노란 들국화
하늘 높이 기러기 떼 산 넘었고
휑하니 저녁 바람 불어 댈때면 감나무 잎 우수수 마당으로 떨어졌었지

파도의 그날

소라의 그리움인가
들려오는 파도 소리만
누가 이 바다를 몇 번을 찾을까

돌아서면 보이는 듯
손 저으며 부르는 모습
밀려온 파도만 다시 돌아간다

낙엽 길

알록 달록 단풍잎 누가 이 길을
불어 오는 바람 휑하니 낙엽 굴리고
걷는 길 쌓인 낙엽 그림자에 묻힌다
볕이라도 조금 더 양지가 길었으면
보기에도 추운 낙엽 걷는 길 나도 춥다

그 며칠 저 단풍잎 다 떨어지는 날
그때에는 이 길에 더 많이 쌓일 것인데
수북히 쌓인 낙엽 어떻게 밟아야 하나
딛을 때마다 부스러지고 발에 차이고
안 밟을 수 없는 길 밟히는 소리만 듣고 싶다

들국화의 양지

이 언덕 양지 녘에 바람 불면 어쩌나
점심 나절은 그런대로 따뜻했는데
저녁 나절이면 그리 바람이 부는지

찾던 나비 소식 끊고 어쩌다 오는 벌
그 마저 저녁이면 오던 벌도 아니 찾고
바람에 그늘만이 쓸쓸히 덮는 언덕

아직은 있는 향기 그 향기가 모자라나
아니면 추워 내일의 양지를 기다리나
들국화의 기다림 저녁 바람에 춥다

가을 일기

이렇게 빠를 수가
절기의 초가을 귀뚜라미 울음 그 잠깐
그래도 남아 우는 그 울음 멎더니
이제는 들녘마다 바닥 드러나고
울긋 불긋 단풍잎 낙엽으로 떨어진다

요 얼마전만 해도
고향 생각의 가을날 그리 좋았었는데
아침 저녁으로 추워진 날씨일까
더 깊은 늦가을에 움츠러드는 몸
이 가을도 마지막 찬서리로 끝 되겠지

들국화 꽃 지는 날
그 예쁜 단풍잎 바람이 털어 낼 것이고
앙상한 나뭇가지만의 이 늦가을
떨어진 낙엽들 다 어디에 쌓일까
해질 녘 저녁이면 그날 처럼 추워진다

아궁이의 가을

깊어 가는 가을
며칠 남은 가을
감나무 밑으로
밤나무 밑으로
뒷산에 올라 상수리 나무 밑으로

어제는 연시 줍고
오늘은 알암 줍고
쭈그러진 왕 대추
대추는 안 주웠나
그래도 몇개 주워 입 안에 넣었고

저녁의 아궁이
밤 묻은 아궁이
먼 속까지 보면
어찌 조용 할까
뻥 터져 튀는 소리 총 소리 같았다

가을의 시간

그렇게 왔다 가는 것이 만물인 것을
이 늙음의 아침 저녁과 무엇이 다를까
봄날에 나온 세상 그런 여름도 있었고
길기만 했던 그 여름이 이리 짧을 수가
여기에 이곳까지 그렇게 오기를
봄날은 그리 여름이라도 이 가을날 무엇이 기다리겠나

눈으로 보는 것 마다 병들고 시들고 곱다 하는 단풍까지
인생도 그와 같이 늙음이 곱다 할까
혼자만이 흔적 놓고 돌아 보는 세상
주워 든 낙엽 한 잎으로 그날을 읽으니
한 나절 양지마저 구름이 가리고
찬 바람 어서 가자 뼛속까지 파고든다

초가의 낙엽

한 여름날 그렇게 까치 앉아 놀던 곳인데
감나무 꼭데기에 서너개의 까치밥일까
낙엽 한 두 잎 힘 없이 떨어지고
여름날이 그리운 듯 엎어져 숨죽인다
바람이라도 불면 함께 떨어질 것을
놓은 건지 놓친 건지 그리 곤두박질 쳐야 하는지

그것도 떨어지면 바람이 그냥 두나
굴려다 모으고 다시 굴려 구석쟁이로
그렇게 저렇게 굴려다 쌓아 놓으니
싸리 삼태기에 담겨 어디로 가겠나
부엌으로 들어가면 아궁이 속으로
두엄에 버려지면 썩어야 하겠지

아픈 가을

이 길의 낙엽들
차이고 밟혀도 아무 소리 없고
발로 긁어 모으니 몇 잎 붙어 떨어진다

다음이 없는 낙엽들
차이고 밟히면 그것으로 끝인가
끝내는 바람이 굴려 모을 것인데

낙엽

떨어진 낙엽들
눈 앞에 우수수
이리 쉬운 것을

나뭇가지 놓으니
바람의 것이었고
내동댕이치니
또 다시 흙의 것이었다

바람이 버린 낙엽
그것도 한 곳으로
굴려 모아 버렸다

가을 연못

봄날도 그 여름도
수초에 연꽃 잠자리도 찾았었다
둑 한 곳 꽃 찾아 벌 나비도 왔었고

이제는 낙엽만이
낙엽만 쓸쓸히 이리 저리 맴돌고
잉어 떼 올라 올 듯 다시 내려간다

뜨거운 여름날에
꽃 맞이 하려 먹이 들고 오던 사람
그 오던 사람마저 발길을 끊었다

싫은 그리움

낙엽 우수수 바람 차갑고
떨어진 낙엽도 바람에 추웠다
어제 다르고 오늘 다른 단풍잎
지워지는 이 단풍이 며칠이나 갈까
추운 그리움에 묻어나는 그날들
나 자란 초가에 그늘 들어온다

늦가을 이맘때 이맘때쯤이면
왜 그리 쓸쓸했던지
바람에 우수수 떨어지는 낙엽들
앞 마당 지붕 너머 우물둥치까지 날아들었고
만지는 것마다 차갑고 마음 추운 저녁
늦가을의 얇은 옷 아궁이가 그리웠다

들국화

들국화의 향기 만큼이나
언덕배기에 네 노란 꽃
어찌 너의 꽃을 잊을까
푸서리마다 드문 드문
그 너의 꽃도 그렇고

들녘에서 오노라면
짊어진 짐 내려놓고
네 향기를 맡곤 했었지
쓸어 안을 때 괜스레 부끄러웠고
못 잊을 너의 꽃 그날을 찾는다